# POESIAS
# DIVERSAS
# VOLUME I

**RL**
*Produções literárias*

### Sobre esta obra

Os poemas com temática cristã foram inspirados por Deus e são para mostrar Sua Glória.

Alguns dos poemas foram inspirados em minha amada Ana Carolina.

# Índice

## UNIDADE I — Cristãs

### A benção do Senhor

Deus ama você e a mim,
O Senhor estará conosco até o fim.
Nunca vai te esquecer, nem te abandonar,
Basta nele, você confiar.

Confie tranquilo, de olhos fechados,
Ele faz nosso melhor caminho,
E sempre está ao nosso lado.

Siga o caminho que Ele te guia,
Ele te recompensará noite e dia,
Com muitas bênçãos e muito amor,
O Senhor te livrará de toda a dor.

Deus te ilumina, muda a sua vida,
Sempre para o bem,
Entregue tua vida a Ele,
Pois para ti o melhor o Senhor tem.

Fique sempre com Deus,
Uma benção enorme virá,
De um destino de sombras, Ele vai te salvar.

Seja fiel que tudo dará certo,
Tenha sempre o Senhor por perto,
Pois assim, sozinho nunca ficará,
E terá grande força para continuar.

Então, esteja sempre com Deus,
Ele só quer o bem para a sua alma,
Seja sempre fiel e tenha calma.

No final, os seus, o Senhor salvará.
No paraíso, a benção eterna Ele dará.

## A escada

Uma escada, estou subindo,
A cada dia, subo um degrau.
Procuro fazer sempre o bem,
E me desviar do mal.

A subida não é fácil,
Muitos obstáculos surgem no caminho,
Mesmo com toda a dificuldade, fico tranquilo.
Pois sei que não estou sozinho.

Existe alguém que me protege,
Ele sempre cuida do meu caminhar.
E se eu desanimar, sua mão, Ele estende,
Para sempre me levantar.

Ele sempre me levanta mais alto,
Conduzindo-me à vitória.
Que Deus sempre esteja comigo,
Cobrindo-me com sua glória.

## A glória de Deus em minha vida

Deus, eu sou fraco e preciso de seu poder,
Quero uma grande transformação em minha vida.
Desejo que a sua glória inunde o meu ser.

Que o meu ser, demonstre sua imensa grandeza,
Minha vida será dedicada a Ti,
E que sua presença em mim, seja a minha maior riqueza.

A sua riqueza é maior que tudo,
Ser livre e feliz contigo é o meu maior luxo.
Suas recompensas são muito maiores do que este mundo.

Este mundo é apenas o início,
Deus tem mais para todos nós,
Ele tem o maior benefício.

Uma benção que nem podemos imaginar,
Será uma nova vida com muita graça,
Onde todos viveremos para o adorar.

## A grande vitória

No dia em que eu for para o céu,
Poderei ver a face de Deus.
Contemplar sua infinita glória,
Estarei na maior vitória.

Uma vitória em Cristo Jesus,
Vivendo na mais pura luz.
Cumprindo-se a maior promessa:
Ganhar a vida eterna.

Uma vida eternamente linda e maravilhosa,
Vivendo em uma morada celestial,
E sentindo sua presença majestosa.

Majestade eterna, esplêndida e perfeita.
Que em minha vida reinou,
E na eternidade, me deleita.

# A transformação de Deus

Eu quero ver a sua grandeza,
Quero te olhar e ver a sua glória.
Espero em Ti muitas bênçãos,
Espero que escreva em mim uma nova história.

Somente a sua misericórdia pode nos salvar,
Muitos livramentos para todos, o Senhor tem.
Livrando-nos de muitos males em nosso caminhar,
Levando-nos sempre para o certo, para o bem.

O nosso bem, só o Senhor quem sabe.
Ele faz caminhos que não entendemos,
A cada novo caminho, uma nova fase,
E a cada fase que passamos, crescemos.

Crescemos principalmente no espiritual,
Deus nos faz pessoas melhoradas,
Pessoas que se afastam do mal,
E buscam verdades nas Escrituras Sagradas.

## O caminho com Jesus

Às vezes, fico muito triste,
Parece que estou sozinho.
Mas não estou só,
Jesus está comigo em meu caminho.

Jesus Cristo é nosso Senhor,
Senhor do mundo e Salvador,
Salvador de todos os fiéis,
Além dos fiéis, salva até o mais pecador.

O pecado te destrói,
Destrói sua preciosa alma.
Uma alma de muito valor,
Valor pago com sangue,
Sangue de Cristo, o nosso Salvador.

Só Jesus vai te salvar,
Salvar de toda a perdição,
Perdição que está o mundo,
Um mundo cheio de destruição,
Destruição das vidas,
Vidas que são jogadas fora,
Fora do plano de Deus,
Deus que sempre age sem demora.

Em todos, Deus vai agir,
Agir para as vidas mudar,
Mudar para muito melhor,
Melhorar tudo e seu caminho transformar,
Transformar o fracasso em uma vitória muito especial,
Especial por ser muito abençoada,
Abençoada e perfeita, sem igual.
Igual a isso, nada é comparado,
Comparar com Deus é impossível,
Impossível, pois só Ele é inigualável.

## Aleluia

Às vezes, estamos muito tristes,
Muitas vezes questionamos se Deus existe,
Pensamos que estamos sós.
Que não há ninguém por nós.
Assim, não devemos pensar,
Pois existe Deus para nos salvar,
Ele vem e nos quer ouvir falar:
**Aleluia! Aleluia! Aleluia! Aleluia!**

Louvem a Deus de todo o coração,
Ele nos dará um grande galardão.
Nossas bênçãos serão tão imensas.
Deus nos provê muitas recompensas,
Para Ele nos dar isso, devemos sempre clamar:
**Aleluia! Aleluia! Aleluia! Aleluia!**

Os seus passos, deixe Deus guiar,
Ele tem o melhor para te dar.
Ele sabe o que devemos fazer,
Sabe como as coisas devem ser.
Deus tem um ótimo plano para você,
Para realizá-lo, nele, você precisa crer.
Creia e nunca pare de adorar.
Louve a Deus, para Ele te abençoar...
**Aleluia! Aleluia! Aleluia! Aleluia!**

Toda vez que você o louvar,
O Espírito Santo, em você habitará.
Deus presente contigo está,
A sua boca o exaltará,
E a glória de Deus encherá o lugar,
**Aleluia! Aleluia! Aleluia! Aleluia!**

Maravilhas Deus vai operar,
Curas e milagres, Ele fará.
A vida de todos, Ele vai transformar,
As almas ao paraíso, Ele guiará.
E neste maravilhoso lugar,
Louvores a Ele, iremos entoar...
**Aleluia! Aleluia! Aleluia! Aleluia!**

## Ao me tocar

Estava tão sozinho e tão cansado,
Precisando de alguém para me ajudar.
Uma luz, uma direção, um companheiro,
Para sempre estar ao meu lado.

Alguém para me ajudar e me ensinar,
Que tenha paciência comigo e seja meu amigo,
Guiando-me pelo melhor caminho,
Fazendo a minha alma se salvar.

Só há uma pessoa que pode fazer isso,
Ele é o Rei dos reis, o Senhor Jesus Cristo.
Ao me tocar, toda a minha vida vai mudar.
Seu precioso sangue foi derramado,
Para os meus pecados serem perdoados.

Com Cristo, não estou sozinho,
Tenho a verdadeira luz em meu caminho.
Ele sempre vai me guiar,
De sua presença, jamais vou me afastar.
Pois na eternidade com Cristo, quero estar.

## As maravilhas de Jesus

Estou aqui para te adorar,
Porque eu sei que a minha vida vai mudar,
Com todo o mal, Ele vai acabar,
E a felicidade e a alegria vão reinar.

Jesus Cristo é o meu Senhor!
Ele me ama e me trata com muito amor,
Jesus deseja o meu louvor.
Eu abro a minha boca e faço um clamor:
Jesus Cristo é o meu Senhor!

Ao meu lado, Jesus sempre está,
Para me ver e meu caminho guiar.
Pois Ele sabe a melhor direção para se andar,
Ele está comigo, e para o melhor, irá me levar.

Em Jesus, deposito a minha fé,
E Ele sempre me mantém de pé.
Fazer-me feliz e salvar minha alma é o que Ele quer,
Para mim, Deus está olhando.
Ouvindo a minha voz quando estou orando,
Ele sabe o que estou buscando.
E a minha vida, Ele está transformando.

Deixo Deus em minha vida agir,
E todo o mal, Ele vai destruir.
Pois o Espírito Santo vai me cobrir.
O Espírito Santo age de maneira especial,
Ele me cobre com seu manto e me livra do mal.
Eu fico protegido de uma forma sensacional,
E sigo amando a Deus de forma incondicional.

# Deus vê tudo

Senhor Deus, em um lindo trono celestial está,
Um trono no qual as bênçãos se irradiam.
Neste trono, toda a Terra, Ele está a observar.

O Senhor vê, ouve e sabe tudo.
Nada do que acontece lhe pode escapar.
Só o Senhor Deus em todo o mundo está.

Um mundo que parece não ter rumo,
Pessoas vagam muito confusas e fracas.
Todos nós precisamos de sua graça.

O Senhor é o único que tem o verdadeiro poder,
Um poder que a tudo e todos pode transformar.
Para isso acontecer, precisamos obedecer e crer.

## Este é Deus, o Senhor!

Não pense que pode seguir só,
Você precisa de alguém para te ajudar.
Assim, sua vida vai melhorar.
Por um destino tranquilo, Ele vai te guiar.
Este é Deus, o Senhor!
Que tanto te ama.

O bem, Ele te faz,
A verdadeira paz, Ele traz,
É só você o aceitar.
Para a sua vida mudar,
Muito, Ele vai te dar:
Um grande amor!
Curar a sua dor!
Ele vai te salvar,
Ele é Deus, o Senhor!

Se um dia você desanimar,
Ao seu lado, Deus vai continuar.
Dando-te força e determinação.
Segurando a sua mão,
Ele é Deus, o Senhor!

Não o negue, nem o rejeite!
Ele quer que você o aceite!

Sua vida vai mudar,
Seu mundo, Ele irá transformar,
Basta você o aceitar,
Seu mundo irá melhorar,
Ele é Deus, o Senhor!

Não pense que está sozinho,
Deus te conduz pelo melhor caminho,
Ele é Deus, o Senhor!

Como você pode perceber,
Tudo na sua vida melhorou ao deixá-lo entrar.
O seu destino, Ele pode transformar,
Aceite-o em seu coração.
Segure em suas mãos.
Ele é Deus, o Senhor!

## Obrigado

Obrigado, meu Senhor, pela minha vida,
Todos os dias o Senhor me abençoa,
São muitas bênçãos concedidas.

Obrigado pelo meu caminhar,
Pois o Senhor sempre me guia,
E me faz todo dia levantar.

Obrigado pelo meu alimento.
O Senhor enche o meu celeiro,
E nunca falta o mantimento.

Obrigado por ser misericordioso,
Pois olhou para mim,
E me salvou de um mundo desastroso.

Obrigado pelo perdão.
Livrou-me da ira e do castigo,
E deu-me um novo coração.

Obrigado por me amar,
Um amor tão grande e maravilhoso,
Que a vida eterna vai me dar.

## Jesus

Olhe para o alto,
Levante a cabeça,
E veja aquela luz.
É a maior pureza que existe,
Aquele é Jesus!
Ele tem um imenso poder,
E tudo pode fazer.
Olhe o doente que está curado,
O paralítico que anda,
Jesus faz tudo isso,
Para quem o ama.

Não precisa ser rico,
Ser famoso ou popular,
Jesus só quer a sua fé.
E de coração, você deve adorar.
Siga os passos dele,
E para melhor, sua vida vai mudar.
Jesus é o único caminho,
E coisas boas, Ele vai te dar.

O caminho parece difícil,
Mas não é!
Olhe para as bênçãos,
E fortaleça sua fé.
Ao Pai, você deve obedecer,
Pois para os que o temem.
As vitórias vão acontecer.

Então se liga!
Só Jesus é o caminho, a verdade e a vida!
Outros caminhos podem existir,
Mas nenhum tem a verdadeira luz,
Que é Jesus!
Que morreu por nós em uma cruz.
Ele deu seu sangue,
E sentiu muita dor,
Fez tudo isso como prova de amor.

Siga o grande pastor,
Para ser um vencedor.
O mundo quer te desviar,
Mostra-te coisas erradas e fáceis,
Tentando te encantar.
Não caia na cilada!
Pois quem sai da luz,
Tem sua vida prejudicada.

Mas se da luz, você sair,
Para ela, você pode voltar.
Se arrependa do que fez,
E assim Deus vai te perdoar.

Com o perdão ganho,
Não vá novamente se desviar,
Pois a armadilha é grande.
E um dia você pode não escapar.
Fique sempre com Deus,
No melhor caminho.
Assim, sempre você estará sorrindo.

## Só Deus é o caminho

Uma estrela indicará um caminho, uma direção.
Esta direção te leva a Deus.
Em sua vida, Deus faz uma transformação.

Após ser transformado, você vai estar modificado,
Você não se alegrará mais em coisas do passado.
Seu tempo de escravo acabou, tudo agora é renovado.

Após a renovação, só há um caminho a seguir...
Deus!
Com o Senhor, o melhor, você irá conseguir.

Você nunca deve parar de sonhar,
Tenha fé em Deus para seus sonhos realizar.
Seja feliz e siga em frente,
Só com a bondade em sua mente.

Com as estrelas, Deus te guiará,
E vai dizer: siga em frente em minha fé.

Muitos tentarão te desviar,
Nunca desista, pois o Senhor nunca vai te abandonar.
Siga em frente e aos outros tente mudar,
Com a sua ajuda, o mundo vai melhorar.

Em você, uma luz divina vai tocar,
Será Deus dizendo para continuar.
Nunca desista da luta,
Pois o Senhor sempre te dará ajuda.

Muito já foi transformado,
Deus sempre esteve ao seu lado.
Siga em frente e mostre ao mundo,
Que o verdadeiro caminho é Deus.
E que um novo destino será traçado,
Com muito amor e paz,
Vamos acabar com tudo que está errado...

## O que eu realmente preciso

Eu não preciso de um super-herói,
Eu preciso do Salvador.
Para mudar o meu ser,
Porque o herói nada pode fazer.

Eu não preciso de fama e fortuna,
Eu preciso de sua glória.
Porque com isso, eu vou escrever uma nova história.

Eu não vivo sem o meu melhor amigo,
Ele é uma pessoa perfeita.
Ama-me sempre e no final estará comigo.

Eu amo o poder de Deus,
Seu poder é o puro amor.
Eu sinto muitas bênçãos,
Vindo da mão do Senhor.

Desejo muitos belos dias com Jesus Cristo,
Assim, minha vida tem novos caminhos.

## O Leão da tribo de Judá

O Leão da tribo de Judá.
Assentado em um magnífico trono está.
Com seus olhos atentos, a todos contempla.
Seu poder e força são imensos.

A sua majestade é muito grandiosa,
Com seu rugido imponente, afugenta o mal.
Com suas garras, Satanás é esmagado,
Deixando-o caído por terra e humilhado.

Aos que são fiéis, guarda com sua mão direita,
Encarando por eles todas as suas guerras.
Afastando todo o mal, toda a ira, toda inveja,
Jogando o que não presta por terra.

Em seu trono faço o meu refúgio,
À sua sombra, repouso em descanso.
Aguardando o dia da sua glória,
Fazendo o meu coração manso.

# Mudança de vida

Um dia, perdido estava,
Andava por muitos caminhos,
Mas nada tinha, nada encontrava.
Parecia ter muitos ao meu lado,
Mas no final, sempre estava sozinho.

Eu pensava que tudo estava certo,
Achava que meu caminho era correto,
Neste caminho, muitas vezes fui enganado.
Todos riam de mim,
E me sentia completamente humilhado.

Um dia, minha vida mudou,
Houve uma pessoa que em mim acreditou.
E tudo se transformou...
Jesus Cristo veio me encontrar,
E minha triste história pode mudar.

Após do mundo, Deus me resgatar,
Na presença do Rei, eu posso caminhar.
E muitas barreiras pude superar,
Pois para Deus, não há limites.

## Uma benção

Oh, Senhor! Um grande pecador eu sou,
De sua infinita graça, não sou merecedor.
Mesmo com todos os meus erros,
O Altíssimo veio a mim e me abençoou.

Sua benção não foi pequena.
Grandiosíssima ela sobreveio em minha vida.
Uma benção com sabor de vitória,
No momento certo, veio e mudou minha história.

Uma história de choro e pedidos.
Lágrimas derramadas quase todos os dias.
Pedidos incansáveis, buscando o seu favor alcançar.
Muito te pedi, esperando a sua graça me visitar.

E no dia de minha angústia e desespero, fui contemplado.
Uma grande bênção inesperada veio a mim.
O choro foi enxugado, a súplica ouvida.
Agora com grande benção, estou em nova vida.

# O caminho

Por muitos caminhos, você pode seguir,
Mas apenas um, vai te servir.
É aquele caminho que vai te salvar,
É o caminho que Deus vai te levar.

Um dia, eu estava perdido,
Andando do meu jeito, todo convencido.
Convencido que meu caminho estava certo,
Mas este caminho não era o correto.

Então, um dia Deus me tocou,
E o caminho certo, Ele me mostrou.
Um caminho com alegria e paz,
Com bênçãos que não acabam jamais.

Este é o caminho do Senhor,
Que é repleto de amor.
O melhor é o que Deus vai te dar,
De todo o mal, Ele te livrará.

O inimigo vai te atentar.
E para o mau caminho, tentará te levar.
Não caia nessa armadilha,
Pois ele quer destruir a sua vida.
Siga sempre com Deus,
Pois Ele protege os seus.

Para o melhor, Deus nos guia,
Ele salva nossas vidas todos os dias.
O seu caminho é eterno,
É o caminho longe do inferno.

Ao paraíso, Deus te conduz,
O seu caminho tem muita luz.
Siga com Ele para se salvar,
E no paraíso por toda eternidade, você estará.

## UNIDADE II — Diversas

### Rosas

Uma rosa pode ser de qualquer cor,
Algumas são azuis, vermelhas ou mesmo brancas,
Mas todas têm uma coisa em comum:
A beleza incomparável e a presença do amor.

Uma rosa pode estar viva e radiante,
Ou pode estar seca e sem cor.
Mas uma coisa jamais mudará,
A rosa jamais produzirá dor.

Rosas vão, rosas vêm...
E sempre deixando feliz alguém,
Ela pode ser clara,
Ou de tonalidade escura,
E sempre está exibindo ternura.

Infelizmente, um dia a rosa murcha,
E sua beleza acaba...
Mas uma coisa não pode acontecer:
O amor acabar,
Só porque não há mais rosas,
Para o simbolizar.

### Razão e coração

Muitas coisas acontecem,
Sem que possamos perceber.
Já outras só ocorrem, se você deixar.

Você não pode mandar,
Uma coisa que não pode tocar,
O coração é uma delas,
Quando você menos espera,
Com um amor, ele chega.

Você lutará!
Mas jamais vencerá!
Em você, o seu coração sempre mandará.

A razão dirá para não tentar,
O coração insistirá.
Um dilema será gerado...
Um passo para a solução,
Será muito complicado.

O coração dirá que sim!
A razão dirá não!
E agora, quem vou escutar?
A razão ou coração?

### Escolhas erradas

Uma escolha pode mudar tudo,
Uma única palavra,
Pode destruir um mundo,
Ou construir um futuro.

Nem sempre é fácil escolher,
Uma escolha errada poderá ocorrer.
E alguém muito importante poderá perder.

Você pode até errar.
O erro pode ser fatal.
Levando você a um triste final.

O erro poderá ser perdoado,
Resolvendo tudo o que estava errado.
Dessa forma, até o amor poderá ser reconciliado.

# Sonhos

Sonhos, todos temos,
Alguns serão seguidos,
E outros somente poderão ser sonhados.

Mesmo pensando em seu sonho,
Ou lutando para realizá-lo.
Com toda a sua força,
Você deve tentar alcançá-lo.

Um sonho, ao paraíso pode te levar,
Mas num piscar de olhos,
Ao fundo do poço poderá chegar.

Sempre tome muito cuidado,
Ao lutar por um sonho,
De louco, poderá ser chamado.
Não ouça ninguém! Siga em frente!
E veja seu sonho realizado.

## UNIDADE III — Românticas

### Amante mudo

Amante mudo é aquele que existe,
Sempre fica próximo à pessoa amada,
Apenas dando uma observada.

Ele tenta falar!
Mas sempre hesita...
Com medo de errar,
E acabar com aquela paixão bonita.

Quando o sentimento bate,
Sua consciência diz:
Vá logo! Declare-se e seja feliz.

O amante mudo ao falar,
Todo o seu mundo pode mudar,
Com o seu sonho podendo se realizar.

O amante mudo continua a pensar,
Imaginando o que fazer...
Quem sabe algum dia,
Uma atitude pode acontecer...

## Amor

Se amar fosse crime,
Muitos seriam os condenados,
Há algo melhor que ter um amor ao seu lado?

Com um amor, tudo muda, cada gesto, cada ação.
Sempre fazendo tudo para a pessoa amada,
E proporcionar uma nova emoção.

O amor é misterioso,
Muitas vezes singelo, quase silencioso.
Mesmo assim, sempre será um sentimento maravilhoso.

Com um amor, ao paraíso pode chegar.
Em um grande beijo ou simplesmente em um olhar,
E cada vez mais, a paixão aumentar.

Se um dia o amor partir, o que fazer?
Ficar somente lamentando? Ou realmente agir?
Para recuperá-lo e voltar a ser feliz.

## A cor do amor

Se o amor fosse uma cor, qual seria?
Poderia ser branco,
Onde tudo ocorre calmamente.

Poderia ser azul,
Uma coisa forte,
Mas com um toque de pureza.

Poderia ser vermelho,
Sempre ardente,
E muito intenso.

Poderia ser verde,
Sempre renovando,
A esperança da felicidade.

Poderia ser rosa,
Sempre delicado,
E muito presente.

Poderia ser amarelo,
Sempre iluminando,
E encantando a todos.

Poderia ser preto,
Sempre enigmático,
E muito misterioso.

Poderia ser arco-íris,
Sempre cheio de surpresas,
E aparecendo em locais inesperados.

O amor não precisa de uma cor para simbolizá-lo,
Por si só, ele é maravilhoso.
Se fosse uma cor, seria sem graça.
Pois seria sempre a mesma coisa.
O amor está sempre mudando,
Sempre se transformando,
E a cada dia, se renovando.

E nesse ritmo de renovar,
Que um dia, sem perceber,
Amando alguém, você está...

## Sua presença

Passar por você,
Sem te observar e me maravilhar,
É uma tolice, ou melhor, é impossível!

Ao vê-la, logo penso:
Como me conter?
E não dizer a você,
O quanto te admiro.

Quando estou próximo a você,
Tudo fica lindo.
Quando me afasto,
A beleza fica contigo.

Ao me despedir, já penso,
Na próxima vez.
Quando de novo te vejo,
E tudo fica belo novamente.

# Pensamento inevitável

Como não pensar em você,
Se quando fecho os olhos,
Vejo-te em meus pensamentos.

Pensamentos que se perdem...
Quando abro meus olhos,
Ao vê-la, tudo está bem.

Mas quando não vejo,
Fecho meus olhos novamente,
Para poder vê-la maravilhosa de novo.

Para continuar a vê-la maravilhosa,
E também poder senti-la,
Prometo-te todo o meu amor.

# Indescritível

É impossível te descrever.
Se escrevesse mil páginas,
Não conseguiria dizer,
O quanto admiro você.

Um milhão de elogios,
Seria muito pouco.
Para tal beleza,
Poder demonstrar.

Você sempre me encanta,
Pode ser falando, ou mesmo,
Em um simples sorriso.

Algumas estrelas brilham,
Outras mais ainda.
E você sempre vai ser,
A garota mais linda.

## Novos sentimentos

Quando te conheci,
Queria somente ser seu amigo,
Hoje, quero ser mais que isso.

Não sei como,
Não sei o porquê!
Só sei que aconteceu.

Uma chance é o que quero,
Para demonstrar o que sinto por você.
E você possa perceber,
Que mais do que amigos podemos ser.

## Beleza Incomparável

Uma pessoa incomparável você é,
Com beleza única, seu doce sorriso.
Torna-te uma inesquecível mulher.

Seus olhos, duas pérolas, com brilho intenso,
Faz que quem está perto de você,
Não consiga desgrudar o olhar.

Seu rosto, tão meigo, lindo e encantador,
Ao olhá-lo, penso: quanto resplendor!

Para você, o dia todo posso olhar,
Ao fim deste dia, satisfeito estarei.
Pois sei, que se me encantar.
Foi por uma mulher maravilhosa que olhei.

### Sua passagem

Quando você passa,
É impossível não te notar.
Você é tão graciosa,
Que prende o meu olhar.

Olhando você, do resto, me desligo,
Meus pensamentos ficam perdidos...
Mas logo se encontram em você.

Quando vai embora, fico triste.
Mas lembro que passará novamente,
Voltando a me alegrar.

## Sentimentos

Os sentimentos aparecem,
Às vezes, de forma inesperada.
Não percebemos, e começamos,
A gostar de alguém.

Essa pessoa pode estar perto,
Ou mesmo longe.
Mas não faz diferença,
Não muda o sentimento.

Meu sentimento por você,
Também começou assim.
E mesmo você estando longe,
Ele não mudou, ficou mais forte.

E em nosso encontro,
Peço-te a chance.
Para demonstrá-lo,
E poder te conquistar.

## Forte desejo

Minha amada, cada vez que te vejo,
Sinto em mim um forte desejo.

Desejo abraçar-te,
Beijar-te, tê-la junto a mim.
Fazendo com que,
Bata mais forte o meu coração.

Pois ele bate mais forte por você,
Ele a quer para acalmá-lo.
Com seu carinho e delicadeza,
Levando a ele um pouco de alegria.

## Ao seu lado

Você ilumina o meu dia,
Ao seu lado, doces sonhos posso ter.
Melhor que sonhar, é a realidade!
Eu posso te amar.

Um amor forte, lindo, gostoso.
Que me faz te amar sempre,
Um amor que ultrapassa barreiras,
Pois é um amor maravilhoso.

Eu te amo de verdade,
Sem você, não quero ficar.
Quando estamos separados,
Eu quase morro de saudade.

Ao seu lado, por muito tempo quero ficar,
Amo-te hoje, amanhã e sempre!
Não há nada melhor que te amar,
Não há nada melhor que ao seu lado estar.

# Especial

Você é muito especial!
Não precisa nada fazer,
Não precisa nada dizer,
Você é especial pelo fato de existir.

Sua existência te faz graciosa,
Sua presença a torna inigualável.
Você por si só é maravilhosa.

Tão maravilhosa que não desgrudo o olhar,
Fico fixo em você para te admirar.
Admiração profunda, admiração sincera.
Admiração que me faz escrever para te elogiar.

Elogios para você, muitos seriam necessários,
Você merece isso e muito mais,
Afinal, você é muito especial pra mim.

# O chocolate

O chocolate é doce e gostoso,
Mas tem algo melhor,
É o seu beijo, que é mais delicioso.

Um beijo apaixonante, atraente.
Depois de uma vez experimentar.
Aquela maravilhosa sensação,
Não sai da minha mente.

Sensação tão maravilhosa,
Que mais me faz desejar.
Desejo ter você para mim,
Para sua boca poder beijar.

Mais que beijos quero te dar,
Tenho para você um amor verdadeiro.
E um carinho muito especial pra te dar,
E muito te amar.

# Pensamentos

Quando estou com você,
Só tenho um pensamento: Você!
Quando não estou sem você,
Só tenho um pensamento: Você!

Você sempre está em meus pensamentos,
Penso em você em todos os momentos,
Pensamentos bons, maravilhosos!
Pensar em meu amor é ótimo.

Melhor que pensar, é estar com você!
Abraçando-te, beijando-te, sentindo-te.
Pois é assim que te traduzo o meu amor.

Dou-te meu amor na forma de carinho,
Tenha certeza que é um amor sincero,
Amor forte, do fundo do meu coração.
Um amor que desejo que dure por muito tempo.

# Por você

O que dizer de você?
Poderia dizer que é linda, maravilhosa,
Que é muito especial, mas isso...
Acho que você já sabe.

O que posso pensar de você?
Poderia pensar que te adoro,
Que gosto muito de você,
Ou poderia somente pensar em você.
Pois você é tudo!

O que fazer para você?
Poderia fazer tudo para te agradar,
Fazer tudo para te deixar mais feliz.
Enfim, fazer tudo por você.

## Você

Entre todas que conheci,
Você é a mais linda,
Seu olhar, sua face...
Você é maravilhosa.

Pode ser falando,
Ou mesmo em silêncio.
Você está sempre tão graciosa.

Você é tudo!
Nenhuma outra se compara a você.
A sua beleza é a máxima para o meu olhar.

## Confuso

Eu estou muito confuso,
Não sei o que fazer, não sei o que dizer,
Não sei o que pensar.

Às vezes, paro para pensar,
Pensamentos que vão e ficam perdidos...
Pensamentos muito perdidos, sem direção.
Não tem direção, não tem exatidão.

Queria saber o que fazer!
Queria saber o que dizer!
Queria saber como fazer!

Estou assim, pois sou uma vítima da paixão.
Uma paixão que me destrói,
Uma paixão que me desorienta.
Uma paixão me encantou,
O que mais quero é sempre ter esta paixão,
Para poder ser feliz.

## Amor não amado

O que fazer com os meus sentimentos?
Para quem vou dá-los?
Quem vai querê-los?

Queria dar estes sentimentos a você,
Queria que esses sentimentos fossem seus.
Gostaria que você me aceitasse,
Gostaria que você me amasse.

Meu amor já tem dona,
E a dona é você.
Você é a dona de meu coração.

Um amor que pulsa forte por você,
Um sentimento que quer você ao meu lado,
Por você, eu estou apaixonado.

## O amor e o tempo

O tempo está passando,
Quanto mais o tempo passa,
Mais penso em você,
E mais estou te amando.

Meu amor cresce todos os dias,
Meu carinho aumenta a todo momento.
O que sinto é verdadeiro!
Você está sempre em meu pensamento.

Seu amor é o que quero,
Seu carinho é o que espero,
Sua presença é o meu desejo,
Quero te abraçar e sentir seu beijo.

Nunca me deixe, fique sempre comigo.
Tenha certeza que muito amor, sempre vou te dar.
Sinta meu coração quando digo: eu te amo!
Pois você é a única que quero amar.

## Amar

Amar alguém não é fácil,
Conquistar a pessoa amada é difícil.
O amor, de várias maneiras, é possível demonstrar,
E a amada, você vai conquistar.

Essa pessoa se alegrará,
Dirá que é tudo muita emoção.
E ela estará certa,
O amor é de coração.

Com você, meu coração quer ficar,
Para te amar, dar muito carinho.
Meu coração quer seu amor junto a ele,
Para ser muito feliz.

## Um beijo

Um beijo, pode tudo mudar,
Uma paixão pode acender,
E um sentimento aumentar.

Com um beijo, ao paraíso se pode chegar,
Pois sempre há sensações maravilhosas.
Crescem sentimentos maravilhosos,
Faz-se sentir o gosto de amar.

É bom o gosto do seu amor,
Melhor ainda, o seu beijo,
Que dá a minha vida um delicioso sabor.

Esse sabor tão bom, para sempre quero ter.
Uma coisa é necessária para isso,
É necessário sempre ter você.

## Encantadora

Como não me encantar,
Por uma pessoa tão linda.
Com incrível beleza,
Deixando-me maravilhado ao olhá-la.

Ao olhar, fico pensando:
Como quero te amar,
Com você, quero ficar.

Eu posso tê-la,
Para demonstrar meu amor,
E sempre fazê-la sorrir.

## Melhor amor

Desde a primeira vez que te vi,
Algo de especial, percebi,
Você é linda e maravilhosa.

Quando com você conversei,
Uma esperança, pude ter,
Afinal, estava um pouco mais perto de você.

Percebi que você era especial,
Um dia tomei uma atitude.
E valeu muito a pena,
Seu beijo maravilhoso foi o resultado final.

Resultado que nos levou a namorar,
Com um lindo e maravilhoso amor,
E um dia vamos nos casar.

## Você II

Quando te olho,
Meu dia se ilumina,
Quando penso em você,
Minha mente se fascina.

De você, muito poderia falar,
Escrever muitas palavras para elogiar.
Mas há três palavras a mencionar:
Linda, maravilhosa e especial.

Linda, uma beleza estonteante.
Maravilhosa, uma mulher incrível.
Especial, doce e sensível.

### Seu amor

Não te amar é impossível,
Ficar sem você é impensável.
Com o seu amor, tudo é bom, maravilhoso.

Uma maravilha que amo muito.
Um sentimento bom que adoro senti-lo.
Ao seu lado, me sinto especial,
Com você, sempre quero estar.

Estar junto para te abraçar, te amar,
Dar a você muito amor e carinho.
Pois estou apaixonado por você,
E com você, por muito tempo quero ficar.

# Meu amor

Você é minha paixão,
É a mulher que amo.
É perfeita, linda, maravilhosa,
É a dona do meu coração.

Todas as noites, sonho com seu beijo,
Quanto mais o tempo passa,
Mais aumenta o meu desejo.

Eu quero te abraçar,
Eu quero te beijar.
Tenho uma grande vontade,
Que me faz querer te amar.

Eu te amo muito,
Quero você sempre,
Sempre ao meu lado.

## Sobre o autor

Rafael Henrique dos Santos Lima

Graduado em Processos Gerenciais e M.B.A. em Gestão Estratégica de Projetos pelo Centro Universitário UNA. Cristão pela graça de Deus. Apaixonado pela escrita (português, espanhol e inglês), poeta e romancista.

## Contatos

rafael50001@hotmail.com

rafaelhsts@gmail.com

Blog: escritorrafaellima.blogspot.com

## Agradecimentos

Agradeço a minha esposa que é uma grande inspiração em minha vida

## Agradecimento especial

Agradeço a Deus. Ele me deu a inteligência para escrever o livro.

www.ingramcontent.com/pod-product-compliance
Lightning Source LLC
Chambersburg PA
CBHW021350160726
47994CB00007B/2904